FRANCISCO DE GOYA, UN ARTISTE VISIONNAIRE

— Du faste de la cour à la critique sociale

par Marie-Julie Malache

50MINUTES

Avec la collaboration d'Elisabeth Bruyns

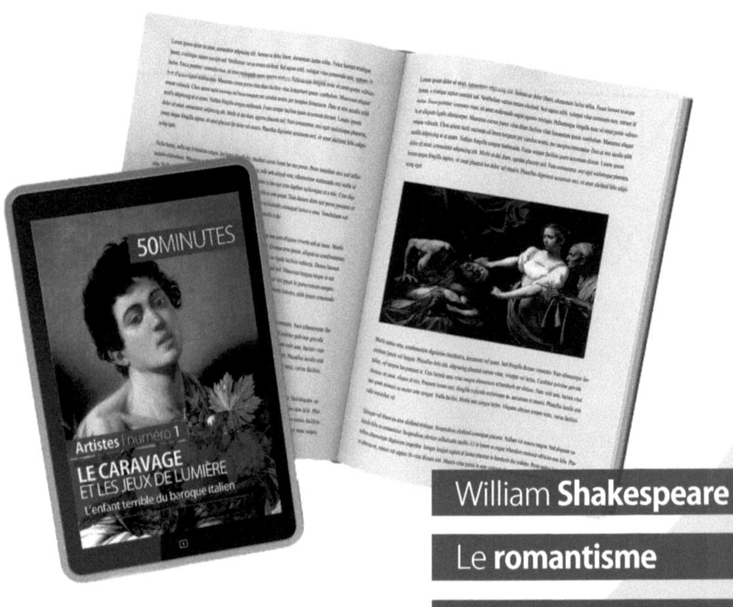

CULTIVEZ-VOUS
SANS MODÉRATION !

50MINUTES

William **Shakespeare**

Le **romantisme**

Gustav **Klimt**

Eugène **Delacroix**

Victor **Hugo**

www.50minutes.com

FRANCISCO DE GOYA

- **Nom ?** Francisco de Goya y Lucientes.
- **Naissance ?** Né le 30 mars 1746 à Fuendetodos (Saragosse).
- **Mort ?** Décédé le 16 avril 1828 à Bordeaux.
- **Contexte ?** La diffusion des idées des Lumières, les débuts du romantisme et les guerres napoléoniennes en Espagne.
- **Œuvres majeures ?**
  - *L'Adoration du nom de Dieu par les anges* (1772)
  - *Le songe de la raison produit des monstres*, feuillet tiré de la série *Caprices* (vers 1797)
  - *Le Sabbat des sorcières* (1797-1798)
  - *La Maja nue* (1795-1800)
  - *La Famille de Charles IV* (1800-1801)
  - *La Maja vêtue* (1800-1807)
  - *Le 3 mai 1808* (1814)
  - *Saturne dévorant un de ses enfants* (1821)

Francisco de Goya est l'une des figures incontournables de l'histoire de l'art espagnol, aux côtés d'artistes illustres tels que Diego Vélasquez (1599-1660) et Pablo Ruiz Picasso (1881-1973). Témoin d'importants bouleversements politiques et sociaux, il traduit dans ses œuvres l'ébranlement des valeurs traditionnelles et exprime, par son style audacieux, la recherche de nouvelles voies picturales. À travers ses peintures à l'huile, ses fresques, ses eaux-fortes, ses lithographies et ses dessins, se devine un créateur aussi prolifique que fascinant.

C'est également un personnage plein de contradictions, tant dans sa vie que dans son œuvre. Peintre majeur de la cour d'Espagne, il rend fidèlement, à ce titre, l'étincelante richesse de la noblesse espagnole. Ses talents de portraitiste sont en effet reconnus dès le début de sa carrière, et la protection royale lui assurera par la suite de prestigieuses commandes. Mais, dans ses travaux personnels – essentiellement des gravures –, il dénonce les injustices sociales et les faiblesses humaines, influencé par les idéaux des Lumières qui pénètrent en Espagne grâce à des écrivains, à des historiens et à des hommes politiques désireux de moderniser la société espagnole. Ainsi, dans l'un des pays les moins éclairés d'Europe, Goya devient un penseur libéral doublé d'un peintre critique. Son œuvre, qui se veut une analyse minutieuse du genre humain, se fait l'expression de la souffrance universelle.

Aujourd'hui, pour les historiens de l'art, la production de Goya est difficilement classable, tant ces deux facettes – de peintre officiel et de témoin critique – l'ont amené à imaginer des compositions originales et avant-gardistes. La remarquable variété de son style complique également toute tentative de catégorisation.

CONTEXTE

DES ANNÉES SOMBRES POUR L'ESPAGNE

Si les œuvres de Goya sont, dans leurs thèmes comme dans leur style, fougueuses et emportées, voire torturées, c'est notamment parce que l'artiste a été témoin d'une période très sombre pour l'Espagne, et ce sur tous les plans : politique, idéologique, social et économique.

Au début du XIXe siècle, la situation politique et sociale de l'Espagne, très conservatrice, s'enlise progressivement, entraînant une paupérisation croissante de la population. Le 21 octobre 1805, les Anglais détruisent la flotte franco-espagnole lors de la bataille de Trafalgar. L'Espagne qui, suite à cette terrible défaite, perd son statut de puissance navale, est également coupée de ses colonies américaines, se voyant privée d'importants marchés. En 1806, la couronne espagnole consent à apporter son soutien à Napoléon Ier (1769-1821) dans sa conquête du Portugal : les troupes françaises sont autorisées à passer par l'Espagne, qui se retrouve alors envahie par des milliers de soldats. Deux ans plus tard, le roi Charles IV (1748-1819) abdique en faveur de son fils Ferdinand VII (1784-1833) et se réfugie à Bayonne, en France. Napoléon Ier convie alors Ferdinand VII à Bayonne et le persuade de rendre la couronne à son père, à la suite de quoi le jeune roi est jeté en prison. Charles IV abdique ensuite en faveur de Napoléon Ier qui, en juin 1808, offre le trône espagnol à son frère, Joseph Bonaparte (1768-1844). Mais, exaspérés, de nombreux Espagnols décident de résister à l'envahisseur : l'insurrection éclate, gagnant une grande partie du pays. Pendant les six années suivantes, de violents conflits opposent les partisans de la monarchie espagnole aux *afrancesados*, qui apportent leur soutien aux Français, espérant que ceux-ci instaureront un régime plus éclairé. L'Espagne devient un véritable champ de bataille où la violence et la terreur règnent en maîtres. Goya témoigne des atrocités du conflit dans *Les Désastres de la guerre*, une série de gravures illustrant la cruauté du genre humain.

En 1812, les Anglais entrent en Espagne et chassent Joseph Bonaparte ainsi que l'armée française. Le parlement espagnol (les Cortès libérales) cherche alors à établir une monarchie constitutionnelle. Mais Ferdinand VII revient au pouvoir, acclamé par la population, et instaure un régime autocratique. Il rétablit l'Inquisition, dissout les Cortès et fait emprisonner ceux qui avaient soutenu le gouvernement français.

LES IDÉAUX DES LUMIÈRES

Le XVIIIe siècle, appelé « siècle des Lumières », est marqué par de grands progrès idéologiques, politiques, scientifiques, économiques et sociaux qui sèment les germes de la Révolution française de 1789. Portée par des philosophes, des savants, des hommes de lettres et des artistes, la philosophie des Lumières se répand dans toute l'Europe (sauf en Espagne), affirmant la primauté de la raison pour accéder à la connaissance et, par là, au bonheur. Développant leur esprit critique, les intellectuels de l'époque prennent leurs distances avec les traditions et les autorités politiques et religieuses. Ils dénoncent la monarchie absolue et les abus de l'institution ecclésiastique, et prônent la séparation de l'Église et de l'État. Une littérature engagée voit le jour avec des écrivains tels que Montesquieu (1684-1755), Voltaire (1694-1778) et Denis Diderot (1713-1784) en France. En art, la philosophie des Lumières se traduit par une recherche de clarté, de sobriété et de rationalité. Les artistes se tournent vers l'Antiquité en tant que modèle d'objectivité et de simplicité, tant dans les sujets que dans le style : il s'agit du néoclassicisme.

ENTRE CLASSICISME ET ROMANTISME

Goya se situe à la charnière entre plusieurs courants artistiques. Si le début du XVIIIe siècle est encore animé de tendances baroques – les fresques du début de sa carrière sont d'ailleurs influencées par cette esthétique –, dès la deuxième moitié du siècle, sous l'impulsion de la philosophie des Lumières, le néoclassicisme se répand largement via l'enseignement académique, qui prône un art épuré et maîtrisé. Toutefois, à la fin du XVIIIe siècle, en réaction au rationalisme des Lumières, certains artistes entendent laisser libre cours à leur spontanéité créatrice, et mettent en avant leur subjectivité, leur imagination et leurs sentiments. Ce mouvement qui prend son essor en Allemagne avec des peintres tels que Caspar David Friedrich (1774-1840) prend le nom de « romantisme » et touche tous les arts. Parmi les thèmes privilégiés des romantiques allemands, on trouve la mélancolie, la solitude, la nature toute-puissante ou encore la nostalgie du passé, notamment du Moyen Âge – un Moyen Âge rêvé, voire idéalisé.

Au début du XIXe siècle, le romantisme conquiert le reste de l'Europe. En France, les chefs de file de ce mouvement sont Théodore Géricault (1791-1824) et Eugène Delacroix (1798-1863). Leurs œuvres font scandale au Salon (l'exposition officielle) en raison de leur utilisation de la couleur et du mouvement de leurs compositions, en tous points opposés à l'esthétique néoclassique. En effet, là où le tracé rigoureux du dessin avait la prédominance chez les néoclassiques, le romantisme pictural est dominé par la couleur et ses vibrations.

En Angleterre, les principaux représentants du romantisme sont William Turner (1775-1851) et John Constable (1776-1837), qui peignent essentiellement des paysages. De manière générale, les artistes romantiques influencent considérablement toute la peinture moderne à travers des compositions torturées où la touche est emportée.

LA GRAVURE ET LA LITHOGRAPHIE

Goya est l'un des pionniers de la lithographie, une nouvelle technique d'impression mise au point entre 1796 et 1799 par un inventeur autrichien, Aloys Senefelder (1771-1834). Il s'agit d'un procédé de reproduction en série qui repose sur le principe de la répulsion entre l'eau et l'huile. Au départ, cette invention intéresse surtout les imprimeurs de partitions de musique et de cartes géographiques. Comme son nom l'indique, on utilise une pierre (*litho*) sur laquelle on dessine avec un corps gras (*graphie*). Contrairement à la gravure sur plaque de cuivre, la lithographie ne demande pas une formation de graveur : il suffit de maîtriser le principe de dessin « en miroir » (l'impression se faisant en retournant la pierre sur le papier). De plus, la lithographie permet des tirages à un grand nombre d'exemplaires, d'où son succès fulgurant.

LA TECHNIQUE DE L'IMPRESSION

La technique de l'impression est récurrente dans toute l'histoire de l'art, depuis l'application des mains couvertes de pigments sur les parois des grottes préhistoriques, jusqu'aux sérigraphies d'Andy Warhol (1928-1987), en passant par les sceaux utilisés en Mésopotamie. Cette technique exige deux surfaces – l'une qui porte l'image, l'autre sur laquelle elle va s'imprimer –, et l'on distingue deux types d'impression : la gravure en relief et la gravure en creux. Pour la gravure en relief (sur argile, bois, linoléum), la surface qui imprime est en relief, tandis que le reste du support, creusé au moyen d'un ciseau ou d'une gouge (ciseau creusé en gouttière), n'apparaîtra pas à l'impression. Progressivement, à la gravure en relief se substitue la gravure en creux : des incisions sont pratiquées dans une plaque de métal (cuivre, zinc ou acier) au moyen d'une pointe sèche ou d'un burin. La plaque tout entière est encrée, puis essuyée de manière à ce que l'encre ne subsiste que dans les lignes gravées. L'impression se fait sous forte pression pour que le papier se trouve en contact avec les sillons encrés. Plus tard, les artistes exploiteront les procédés chimiques, creusant la ligne du dessin dans la plaque de métal avec de l'acide. Pour l'eau-forte, par exemple, la plaque de métal est préalablement enduite d'un vernis résistant à l'acide. Le dessin se fait au moyen d'une pointe qui enlève le vernis sans griffer la plaque. Celle-ci est enfin plongée dans un bain d'acide qui attaque le métal exposé. Cette technique est souvent combinée à celle de l'aquatinte, qui permet l'obtention de zones en demi-teintes. Il s'agit alors de projeter une résine sur la plaque et de l'y fixer en la chauffant. Quand la plaque est plongée dans l'acide, seules les zones de métal nu autour de chaque particule de résine sont attaquées.

BIOGRAPHIE

SUR LES PAS DES MAÎTRES ITALIENS

Francisco de Goya, fils de José Goya et de Gracia Lucientes, naît en 1746 à Fuendetodos, dans la région de Saragosse, au sein d'une famille de condition modeste. Dès l'adolescence, le jeune homme s'essaie à la peinture dans l'atelier de José Luzan Martinez (1710-1785). Ce peintre religieux local lui fait surtout copier des gravures de grands maîtres. Il suit les leçons avec trois frères doués : Francisco (1734-1795), Manuel (1740-1809) et Ramon Bayeu (1746-1793).

À cette époque, sur le plan culturel, Saragosse et la région aragonaise dépendent de Madrid, où l'Académie des beaux-arts, créée en 1752, impose les règles de la création artistique et définit le bon goût, comme son équivalent en France. En 1763 et en 1766, Goya s'inscrit au concours d'entrée de l'Académie, mais il échoue : sa fougue rebute le jury, adepte des compositions sages et sobres.

À 20 ans, à l'instar des jeunes artistes de son époque, il entreprend un voyage en Italie pour s'inspirer des grands maîtres. Cinq années durant, il vit à Naples, à Rome et à Parme, où il découvre le néo-classicisme romain. Au printemps 1771, il se présente au concours de l'Académie de Parme et obtient six voix, mais pas de prix. Goya rentre ensuite à Saragosse, où il reçoit ses premières commandes impor-tantes. De 1772 à 1774, dans la basilique du Pilar (Saragosse), puis dans la chartreuse de l'Aula Dei (à quelques kilomètres de la ville), il crée ses premiers chefs-d'œuvre, des fresques sur des thèmes religieux dont le style est clairement inspiré de son apprentissage italien.

PEINDRE POUR LA NOBLESSE

En 1773, Goya, âgé de 27 ans, épouse Josefa Bayeu, la sœur de ses condisciples peintres. On peut voir dans ce mariage une certaine reconnaissance du talent du jeune homme, car c'est l'aîné de cette fratrie orpheline, Francisco Bayeu, qui lui accorde la main de sa sœur. Elle lui donne plusieurs enfants, dont la plupart décèdent en bas âge. Seul son fils Francisco-Javier, né en 1784, survivra.

Son mariage avec Josefa a un effet bénéfique sur la carrière de Goya. En effet, ses beaux-frères lui obtiennent des commandes pour la Manufacture royale de Santa Barbara, ce qui lui fournit un travail stable : il produit des cartons de tapisserie sur lesquels il représente les fêtes et les distractions de la jeunesse madrilène, dans une joie de vivre enivrante et un bonheur insouciant. Dans ses nombreuses réalisations, comme *La Gallina Ciega* (*Colin-maillard*, 1791), il confère aux visages une grande vivacité et utilise des couleurs franches. Rapidement, le prestige de ses cartons introduit Goya dans le monde de la noblesse espagnole.

LA TAPISSERIE

Une tapisserie est une pièce de textile plane et de grande dimension, conçue pour être suspendue à l'intérieur ou à l'extérieur. Elle représente générale-ment des événements (religieux, politiques, historiques) passés ou actuels, mais peut aussi être composée de motifs purement décoratifs. Couvrant un mur, elle sert à la fois d'isolation thermique et sonore. Les tapisseries sont souvent produites en série (appelées « tentures » ou « chambres ») : chacune d'entre elles présente alors un épisode du récit d'ensemble. Dès le Moyen Âge, la technique se décline en trois étapes : l'artiste réalise un dessin préparatoire de petit format, puis le modèle est réalisé aux dimensions de la tapisserie finale (c'est ce qu'on appelle « le carton ») et, enfin, un tisserand tisse la tapisserie sur un métier. Les tapisseries visent généralement une clientèle fortunée, de la noblesse au haut clergé en passant parfois par des bourgeois aisés.

Pour parfaire sa formation, à la fin des années 1770, Goya entreprend de graver les tableaux de Vélasquez. Ainsi, il participe à la diffusion des œuvres de ce grand peintre espagnol, tout en apprenant à rendre la magie d'une atmosphère comme lui seul en avait le secret. Il découvre la manière de suggérer, par une tache et quelques empâtements, l'illusion d'un visage, d'un tissu chatoyant ou encore d'un bijou. Les planches de Goya paraissent dans la *Gazette de Madrid* en juillet et en décembre 1778.

Deux ans plus tard, en 1780, l'artiste tente à nouveau le concours d'entrée de l'Académie San Fernando, avec une œuvre dont le sujet ne comporte aucun risque de controverse : *Le Christ en croix*. Sur le plan stylistique, il opte pour le clair-obscur popularisé par le Caravage (vers 1571-1610). Cette œuvre, bien que très classique et sans originalité, lui vaut d'être élu à l'unanimité. Gravissant ensuite rapidement les échelons de l'Académie, il est nommé sous-directeur de la section peinture en 1785.

Sa renommée de portraitiste de la noblesse croit également très vite. L'année suivante, il est promu peintre du roi. À ce titre, il peint *Le Portrait de Charles III en costume de chasse*. Ce roi était réputé pour sa laideur et l'artiste ne cherche aucunement à idéaliser ses traits. Par ailleurs, désireux d'accorder son nom à sa nouvelle fonction, Goya y ajoute la particule « de ». En 1788, il devient peintre de la Chambre de Charles IV et, en 1799, premier peintre de celle-ci. Cette période de sa vie est donc marquée par une majorité de portraits de cour, mais aussi de ses amis de la haute société.

EXPLORER LA FACE SOMBRE DE L'HOMME

Toutefois, au début des années 1790, suite à une maladie grave, Goya perd l'ouïe. Sa perception de son environnement s'en trouve bouleversée et cela l'amène à porter un regard plus critique sur le monde. Il commence alors à s'intéresser à la face sombre de la nature humaine et explore le monde surnaturel, hanté de personnages fantastiques et de créatures effrayantes. Par ailleurs, il fréquente des penseurs favorables aux idées des Lumières qui l'influencent et exacerbent son point de vue critique. Il réalise alors une série de 80 eaux-fortes qu'il intitule *Caprices*. Parues en 1799, ces planches illustrent des drames de mœurs et des scènes de sabbat, tout en contenant également de subtiles allusions politiques. Les *Caprices* marquent une nouvelle orientation dans la carrière de Goya.

La guerre d'indépendance, entre 1808 et 1814, lui donne amplement matière à poursuivre sa réflexion sur l'humanité. Horrifié par le comportement des belligérants, il prend des croquis sur le vif qu'il pérennise plus tard dans une série de gravures intitulée *Désastres de la guerre*. À cette époque, il poursuit également son œuvre de critique sociale, notamment dans *La Maison des fous* (1808-1812), une toile dans laquelle il dénonce les conditions de vie des aliénés.

Cependant, Goya se mêle peu de politique ; il est davantage préoccupé par sa carrière. C'est pourquoi il accepte le poste officiel de peintre du roi français. Il réalise alors les portraits d'officiers français tels que le général Nicolas Guye (1773-1845), commandeur de l'Ordre des Deux-Siciles et de l'Ordre royal d'Espagne. Mais cette parenthèse française en coûte à Goya qui, à la fin de la guerre, doit comparaître devant le tribunal de l'Inquisition et est accusé de collaboration. Heureusement, affirmant avoir peint Joseph Bonaparte d'après gravure et non en personne, il est rapidement acquitté. Il récupère même son poste auprès de Ferdinand VII, heureux de garder à son service un artiste aussi célèbre.

Mais Goya prend progressivement ses distances avec la cour. Il se renferme sur lui-même, et se passionne pour la démence et la superstition. Dans sa maison, la *Quinta del sordo* (« Maison du sourd »), il peint des images puissantes et noires, peuplées de personnages sinistres. Il peint directement sur le plâtre des murs avec de la peinture à l'huile. En 1873, ces œuvres sont transférées sur des toiles ; elles se trouvent actuellement au musée du Prado. Par ailleurs, l'instabilité politique en Espagne déçoit profondément Goya et le pousse à partir pour Paris, prétextant une mauvaise santé. Il s'installe ensuite à Bordeaux en 1824, où il retrouve d'autres intellectuels espagnols exilés. La parution des lithographies *Les Taureaux de Bordeaux*, en 1825, témoigne de son assiduité à suivre ces courses, malgré son âge avancé. Il meurt en 1828, à 82 ans, laissant environ 1 000 peintures à l'huile et fresques, près de 300 eaux-fortes et lithographies, ainsi que des milliers de dessins.

CARACTÉRISTIQUES

ENTRE TRADITION ET MODERNITÉ

« J'ai eu trois maîtres : Vélasquez, Rembrandt et la nature. » Cette citation attribuée à Goya résume parfaitement le mariage, dans son œuvre, des influences traditionnelles et des inventions artistiques originales.

En étudiant les œuvres de Vélasquez, il apprend à rendre les variations de la couleur dans la lumière afin d'obtenir un relief prononcé, sans contraste violent entre l'ombre et la clarté. Comme lui, il joue avec la transparence des tons et la sobriété de la palette (des ocres, du blanc, du noir, très peu de rouge et de bleu, en touches judicieuses). Mais son sens de la lumière, Goya le doit également à Rembrandt (1606-1669). Aussi, à la suite de ce peintre du Nord, utilise-t-il la peinture selon les techniques traditionnelles : il prépare soigneusement sa toile, choisit et mélange ses couleurs, pose des empâtements et des glacis (peinture très fluide, translucide, que l'on applique en couche mince et uniforme afin de modifier le fonds sur lequel elle se pose). Ainsi, ses toiles sont très bien conservées et leurs couleurs s'altèrent peu avec le temps.

Toutefois, au-delà de ces sources d'inspiration, Goya apporte une touche novatrice à ses œuvres. Bien qu'ayant suivi une formation académique, il prend ses distances vis-à-vis de l'art classique en amenant de la spontanéité dans ses créations. Grâce à une facture picturale fougueuse et emportée (à l'inverse de la sobriété prônée par la peinture académique), il parvient à hausser la représentation de la vie quotidienne au niveau des sujets historiques, tout en conservant son naturel et sa gaieté. Ses personnages, loin d'être figés, ont une réalité de chair et d'os. En 1792, Goya revendique cette recherche d'originalité en déclarant : « Il n'y a pas de règles en peinture. » Il suggère par là que les étudiants doivent choisir leurs sources d'inspiration eux-mêmes et développer librement leur technique artistique.

UN PORTRAITISTE HORS PAIR

Si les thèmes de Goya sont multiples – art religieux, scènes de genre, illustration de la barbarie de la guerre, imagination fantastique... –, c'est essentiellement dans l'art du portrait qu'il établit sa renommée. Doté d'une aptitude particulière à saisir la personnalité de ses modèles plutôt que de s'astreindre à une copie conforme, il s'intéresse à la psychologie de ses personnages et cherche à transcrire sur ses toiles la vérité des visages qu'il peint.

L'équilibre de ses portraits et de ses autoportraits démontre des compositions réfléchies et une très bonne connaissance de l'anatomie. En outre, son grand sens de l'observation lui permet de travailler le rendu des broderies et des dentelles avec précision et finesse. Il s'applique également à représenter les différents types sociaux avec réalisme et authenticité, tant dans les attitudes que dans les costumes. Malgré ses commandes officielles et la contrainte de se conformer aux desiderata de ses protecteurs, Goya a assez d'assurance pour interpréter ses sujets d'une manière audacieuse et inventive.

LA PART DU FANTASTIQUE

Dans ses travaux personnels, Goya produit des gravures peuplées de créatures sorties tout droit de son imagination : chauves-souris, chouettes et félins côtoient lutins, démons, fantômes, boucs ou encore sorcières. Le noir et le blanc des tirages créent de forts contrastes qui renforcent la tension dramatique des scènes représentées. Celles-ci sont généralement des satires et des caricatures dans lesquelles les émotions excessives, comme la peur ou l'horreur, tiennent une large place.

Toutefois, les créatures effrayantes de Goya doivent avant tout être considérées comme des allégories du comportement humain. Elles servent à formuler une critique ou à faire une allusion idéologique. L'artiste s'indigne ainsi, notamment, contre l'oppression des pauvres travaillant pour le compte d'aristocrates oisifs et improductifs. Il parvient à équilibrer le ton moralisateur et le comique de manière très subtile.

Cependant, il est difficile de pousser l'interprétation des gravures de Goya plus loin, car ce dernier utilise des proverbes, des figures de rhétorique et des dictons. C'est pourquoi le sens de certaines gravures nous échappe encore aujourd'hui, participant du mystère de ces œuvres obscures.

L'ADORATION DU NOM DE DIEU PAR LES ANGES

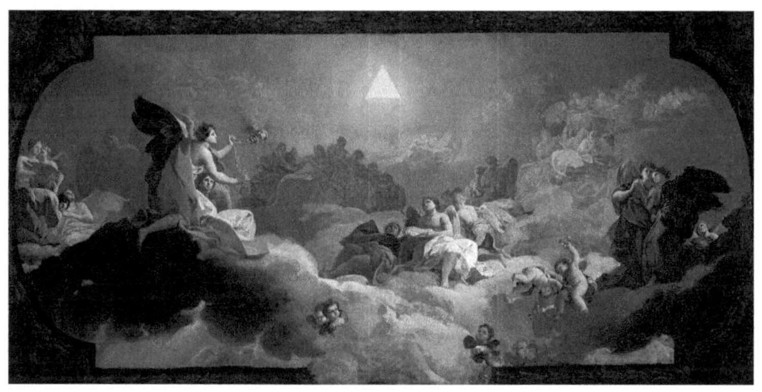

L'Adoration du nom de Dieu par les anges, 1772, fresque, 700 x 1 500 cm, Saragosse, basilique du Pilar.

Peu après son retour d'Italie, Goya reçoit une prestigieuse commande du chapitre de la basilique du Pilar à Saragosse. Dans le cadre du remaniement du bâtiment dans un style néoclassique, il est chargé de décorer le petit chœur de la chapelle de la Vierge. Pour prouver sa maîtrise technique, Goya présente un essai de fresque et une ébauche à l'huile. Elles sont d'emblée acceptées par le chapitre et l'artiste est autorisé à commencer son œuvre. Grâce à elle, il jette les bases de sa carrière.

Cette fresque glorifie l'Église triomphante. Au centre, le nom de Dieu est inscrit en hébreu dans un triangle représentant la Trinité. La vive lumière dorée qui illumine la scène provient de l'arrière-plan. Elle crée ainsi des ombres sur les faces des nuages du côté du spectateur et se reflète sur les vêtements de soie. Quant à la composition, elle est extrêmement rigoureuse : la foule d'anges flottant sur les nuages suit les lignes des demi-cercles concentriques. La perspective fait écho à cette composition en conduisant l'œil du spectateur vers le triangle du nom de Dieu. Chaque détail concourt ensuite en ce sens, comme le geste de l'ange à droite de la fresque qui manipule un encensoir. Aussi la légèreté et l'innocence des *putti* à l'avant-plan donnent-elles l'illusion au spectateur de pénétrer dans l'espace de l'œuvre.

Dans cette œuvre de jeunesse, Goya propose un style proche du baroque finissant en raison des couleurs diaphanes et des reflets de la lumière. Mais malgré des traits de pinceau rapides, l'ensemble reste un peu figé, contrairement aux productions baroques. Cependant, il faut préciser que la fresque que l'on peut admirer aujourd'hui dans la basilique du Pilar a subi quatre restaurations. Comparé aux dessins et croquis originaux de l'artiste, le résultat final montre moins d'audace et de dynamisme que le projet initial.

LA FAMILLE DE CHARLES IV

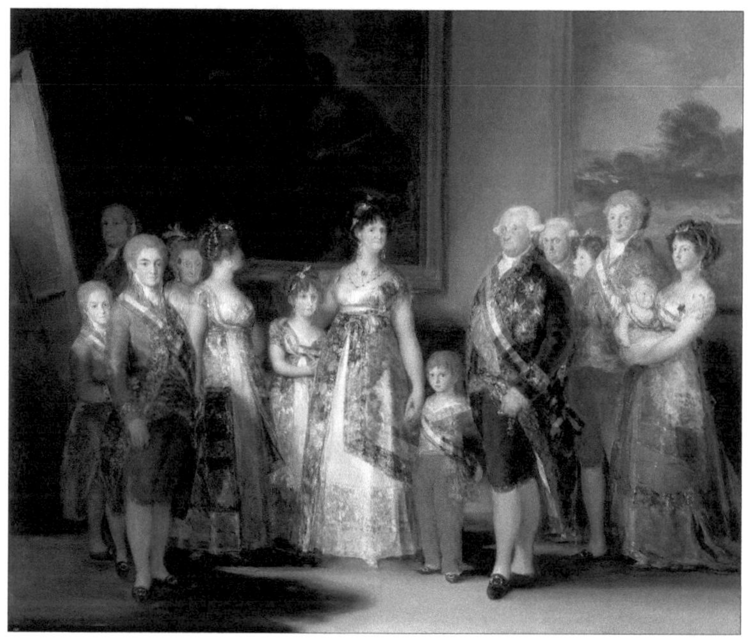

La Famille de Charles IV, 1800-1801, huile sur toile, 280 x 336 cm, Madrid, musée du Prado.

En tant que peintre de la cour espagnole, Goya est chargé de représenter les membres de la famille royale dans un portrait de groupe monumental, grandeur nature. La composition est traditionnelle et réfléchie : les personnages sont placés hiérarchiquement. Au centre se trouvent le roi Charles IV et la reine Marie-Louise (1751-1819) avec leurs deux plus jeunes enfants. Celle-ci pose bras nus, comme toutes les dames du tableau. En effet, la reine est notamment connue pour avoir interdit le port des gants à la cour, et ce parce qu'elle aimait trop ses bras pour les cacher. Sur la gauche du tableau, en bleu, l'héritier du trône, Ferdinand VII, adopte une pose « en miroir » par rapport à son père. Son frère, l'infant Don Carlos Maria Isidro (1788-1855), est à ses côtés. De l'autre côté, la jeune femme qui détourne la tête et dont on ne voit pas le visage est la future épouse de Ferdinand VII, représentée ainsi car au moment de la réalisation du portrait, les fiançailles n'étaient pas encore officielles. Entre ce jeune couple, on aperçoit Doña Maria Josefa (1744-1801), la sœur du roi. Sur la droite du tableau sont représentés des parents proches : le frère du roi, l'infant Antonio Pascal (1755-1817), sa fille aînée, l'infante Doña Carlota Joaquina (1775-1830) et, un enfant dans les bras, une autre fille, l'infante Maria Luisa Josefina (1782-1824), près de son mari, Don Louis de Bourbon (1773-1803). À l'arrière-plan gauche, l'artiste s'est représenté lui-même, travaillant sur une toile – une mise en abyme empruntée à Vélasquez qui fait de même dans *Les Ménines* (1656), par exemple. Le peintre est concentré, il a le regard tourné vers le spectateur, comme s'il observait le groupe dans un miroir.

La scène est éclairée par une lumière artificielle dont la source se situe hors champ, à gauche de l'ensemble. Elle crée des contrastes entre les parties illuminées et celles se situant dans l'ombre. Les ors et les noirs de la palette répondent à ces contrastes.

Bien que les règles traditionnelles de composition et d'utilisation de la lumière soient respectées, la facture picturale et le traitement des visages n'ont rien de classique. La recherche de vérité dans les traits est déconcertante : si les bijoux et les habits sont somp-tueux, les mines n'en sont pas moins ternes, déployant toute leur prétention, qui se fait même arrogance. Au XIXe siècle, Théophile Gautier (1811-1872) compare d'ailleurs les personnages du tableau au « boulanger du coin et à sa femme venant de gagner à la loterie ». Le réalisme de l'œuvre est d'autant plus surprenant quand on sait que la famille royale n'y a émis aucune objection.

LA MAJA NUE

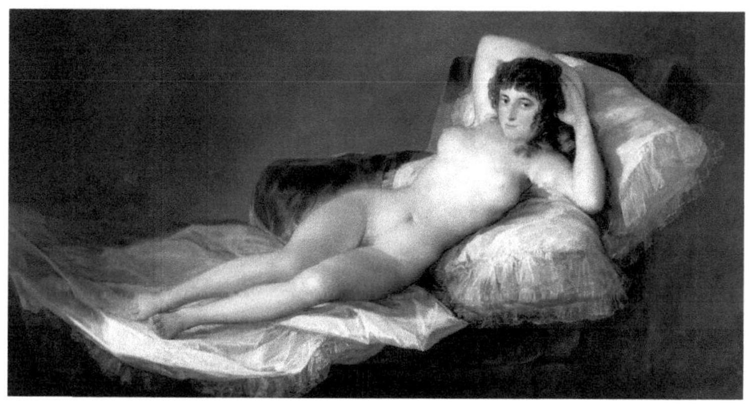

La Maja nue, 1795-1800, huile sur toile, 98 x 191 cm, Madrid, musée du Prado.

Étendue sur une banquette couverte de coussins en soie, une jeune Espagnole entièrement dévêtue a relevé les mains et les coudes à hauteur de son chignon. Elle regarde le spectateur avec sensualité, l'invitant à contempler les formes voluptueuses de son corps. Il n'en faut pas plus pour que *La Maja nue* fasse scandale et que l'Inquisition taxe cette toile et son artiste d'obscénité et d'immoralité. C'est d'ailleurs à cause de la désapprobation de l'Église que le nu est rare dans l'art espagnol. Pour contourner cet interdit, les peintres proposent généralement des scènes mythologiques où la nudité est l'apanage des déesses, mais dans l'œuvre de Goya, la jeune fille n'a rien de divin : c'est une Maja, c'est-à-dire une jeune Espagnole de condition modeste, bien réelle.

Il s'agit d'une commande émanant du prince de la paix, Manuel Godoy y Faria (1767-1852), un protégé de la reine Marie-Louise. Les historiens proposent deux hypothèses quant à l'identité du modèle : il pourrait s'agir de la duchesse d'Albe, avec laquelle Goya était assez intime, mais la thèse la plus communément retenue est celle selon laquelle la jeune Maja serait la maîtresse de Godoy, l'actrice Pepita Tudo. À l'origine, le tableau est exposé dans le cabinet de peintures de Godoy aux côtés de son pendant, *La Maja vêtue* (1800-1807). On ne sait laquelle de ces deux œuvres a été peinte en premier. Cependant, la pose et le décor, identiques, attestent que les deux peintures se répondent. Par ailleurs, la jeune fille habillée est tout aussi aguichante que celle qui est dévêtue, de ses formes que l'on devine sous les vêtements à sa pose provocante. On peut même aller jusqu'à supposer que *La Maja vêtue* était exposée en superposition à *La Maja nue* et qu'un mécanisme faisait coulisser le tableau du dessus pour découvrir le portrait nu, ce genre de distraction ludique étant du plus grand effet dans les cabinets de peinture à l'époque.

La Maja nue est conservée au Prado depuis 1910. Avant cela, elle était exposée avec d'autres nus osés à l'Académie San Fernando. En 1930, sa nudité fait de nouveau l'objet d'un scandale, lors de la publication d'un timbre à son effigie par la poste espagnole.

LE SONGE DE LA RAISON
ENGENDRE DES MONSTRES

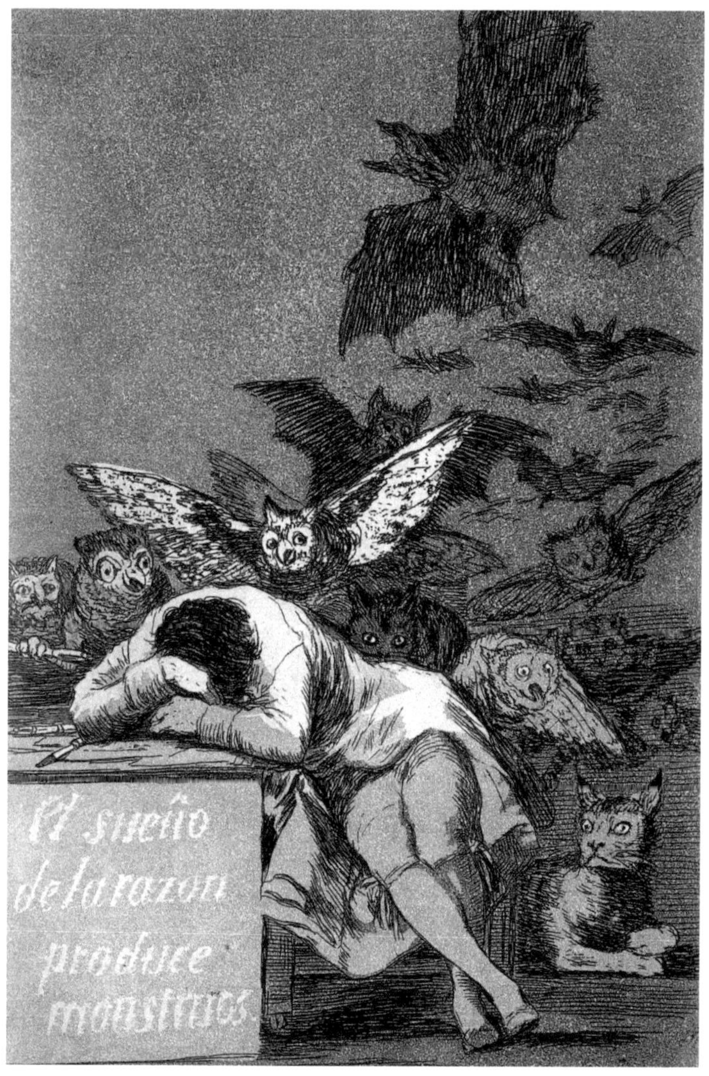

Le songe de la raison engendre des monstres, feuillet tiré de la série *Caprices*, vers 1797, eau-forte et aquatinte, 21,6 x 15,2 cm, collection particulière.

À la fin du XVIIIe siècle, Goya laisse libre court à son goût pour le fantastique dans une collection de dessins à la plume intitulée *Songes*. Plus tard, il les reprend pour les perfectionner et les graver : il en fait une série de 80 eaux-fortes intitulées *Les Caprices* et mise en vente en février 1799. Au milieu de la série, après des images satiriques de la société et en introduction au thème de la sorcellerie, on trouve ce feuillet : *Le songe de la raison engendre des monstres*.

Celui-ci représente un artiste qui s'est endormi appuyé sur un meuble couvert de feuilles de papier et de crayons. Le sommeil a laissé place à son travail de créateur et l'imagination de son subconscient se déploie. Goya montre ainsi, autour du personnage, le cauchemar qui est en train de se jouer dans son esprit : des créatures sortent de l'obscurité et tournent autour de lui tandis qu'un lynx allongé observe ce qu'il se passe. Au centre, un chat noir regarde fixement avec de grands yeux hostiles. L'emploi de la gravure est judicieux, car le noir et le blanc créent de violents contrastes qui accentuent l'atmosphère ténébreuse de la scène.

Il est possible d'interpréter ce dessin de deux manières différentes : d'une part, l'artiste a peut-être simplement voulu exprimer la force avec laquelle l'imagination se libère lorsque la raison est plongée dans le sommeil ; d'autre part, le cauchemar nous fait supposer que le personnage est désespéré, incapable de poursuivre son travail. La situation du feuillet dans la série corrobore cette seconde hypothèse : ne pouvant trouver la vérité via la raison, l'artiste glisse vers le fantastique et l'irréel, comme une échappatoire.

LE 3 MAI 1808

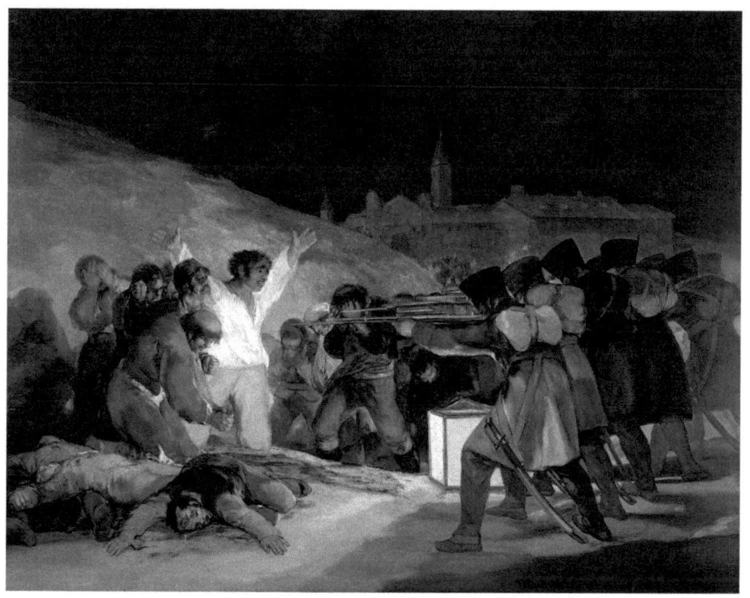

Le 3 mai 1808, 1814, huile sur toile, 268 x 347 cm, Madrid, musée du Prado.

Cette œuvre célèbre de Goya illustre une page noire de l'histoire de l'Espagne. Le 3 mai 1808, sur la colline du Principe Pio, l'armée française exécute des patriotes espagnols en représailles de leur soulèvement contre l'occupation, la veille. Une quarantaine d'hommes et de femmes sont abattus. Si ce tableau marque tant la peinture du XIXᵉ siècle, c'est parce qu'il respecte encore les normes de la peinture officielle, tout en proposant un sujet novateur. Goya y représente la tension et l'angoisse de l'instant précédant l'exécution d'un homme ordinaire.

Dans une ambiance nocturne, le personnage central attire d'emblée l'attention : vêtu d'une chemise blanche, il écarte les bras. Son visage et ses gestes suggèrent qu'il affronte la mort avec un mélange de bravoure et de désespoir. La lumière qui vient de la lanterne posée sur le sol devant le peloton d'exécution met en exergue le drame et la tension de la scène. L'héroïsme de cet homme est souligné par la blancheur de son vêtement – qui renvoie à l'idée d'innocence –, mais aussi par sa blessure à la main droite – qui rappelle les stigmates du Christ. Les hommes qui l'entourent réagissent chacun à leur façon : un prêtre franciscain baisse la tête, un homme se couvre les yeux de ses mains, un autre serre les poings dans un geste de résistance vaine. Au premier plan, les cadavres sont criblés de balles. Les bras de l'homme gisant au sol dans son sang répondent à ceux du martyr debout derrière lui.

Cette scène constitue un moment suspendu, mais la suite se devine déjà : quand ce groupe sera tombé, il sera remplacé par un autre qui monte déjà la colline, d'un pas traînant. Face aux victimes, les soldats sont anonymes : ils forment un mur et leurs positions sont identiques. Ils s'apprêtent à tirer. Finalement, malgré l'aspect figé de la scène, ce tableau est bruyant : on croit entendre les bruits de façon extrêmement vivante, ce qui renforce encore la tension générale de l'ensemble.

FRANCISCO DE GOYA, UNE SOURCE D'INSPIRATION

Ce n'est que de manière rétrospective que le talent de Goya est considéré à sa juste valeur. Quand il meurt en 1828, la presse n'en fait même pas mention. Il faut près d'un quart de siècle pour que les peintres français lui accordent la place exceptionnelle qu'il occupe aujourd'hui dans l'histoire de l'art. Artiste plein de contradictions et audacieux – tant dans son style que dans ses thèmes –, Goya est finalement considéré comme un précurseur des avant-gardes picturales des XIXᵉ et XXᵉ siècles.

Son influence est majeure sur l'œuvre romantique d'Eugène Delacroix. Dès son enfance, ce dernier découvre et apprécie les estampes du maître espagnol. De plus, les deux artistes ont des relations en commun, comme le souligne la récente exposition « De Goya à Delacroix. Les relations artistiques de la famille Guillemardet » du musée Rolin à Autun (Bourgogne). Goya a peint le portrait du père, Ferdinand Guillemardet (1765-1809), qui fut ambassadeur de France en Espagne, tandis que Delacroix a réalisé celui du fils, Félix Guillemardet (1796-1842).

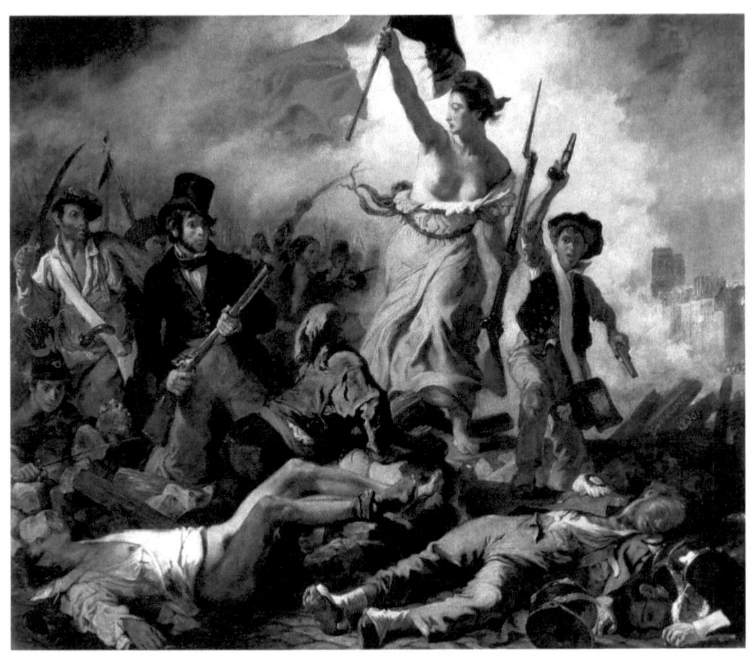

De même, dans *La Liberté guidant le peuple* (1830) du peintre romantique, l'exaltation de la figure du héros ordinaire dans une scène historique nous rappelle celle de l'homme vêtu de blanc au centre de la fusillade du *3 mai 1808* de Goya. Mais au-delà des similitudes thématiques, Delacroix emprunte surtout à Goya son dynamisme et sa touche pleine de fougue. Cependant, le Français va encore plus loin en proposant des compositions tourmentées basées sur une utilisation violente de la couleur.

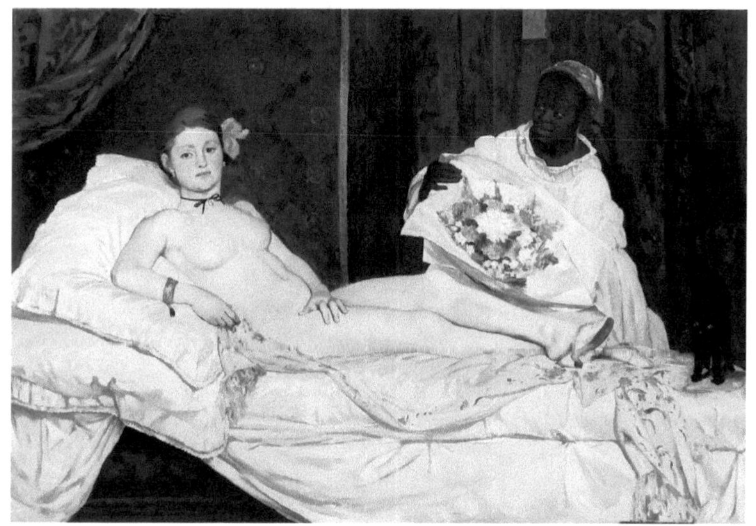

Manet (Édouard), *Olympia*, 1863, huile sur toile, 130,5 x 191 cm, Paris, musée d'Orsay.

Dans la seconde moitié du XIXe siècle, Édouard Manet (1832-1883) fait scandale avec sa toile *Olympia* (1863), qui fait référence à *La Maja nue* de manière à la fois formelle et iconographique. Comme la Maja, le nu féminin est allongé sur des draps soyeux et fixe le spectateur de son regard provocant. Mais Manet confère à son modèle plus de froideur que Goya : là où la Maja était une maîtresse incarnant l'amour passionnel, Olympia est une prostituée symbolisant l'amour vénal et dénonçant les dérives sociales.

L'autre pan de l'œuvre de Goya, plus sombre et plus mystérieux, a également influencé les artistes modernes et contemporains. En 1857, dans le journal *Le Présent*, Charles Baudelaire (1821-1867) participe à la renommée du peintre espagnol en insistant sur son goût pour le fantastique et l'horrible. Impressionné par ses gravures contrastées en noir et blanc, le poète est aussi fasciné par les sorcières et les ambiances de sabbat imaginées par le peintre espagnol. Présent dans toute la peinture moderne, le thème de l'occulte culmine au XXe siècle dans les œuvres des surréalistes. À la suite de Goya, Salvador Dalí (1904-1989) représente des cauchemars fantastiques, tantôt effrayants, tantôt fascinants.

EN RÉSUMÉ

- Né en 1746, Goya est une figure incontournable de l'histoire de l'art espagnol, aux côtés de Vélasquez et de Picasso. Son œuvre est très vaste, à tous points de vue : il multiplie les médias (peintures à l'huile, fresques, dessins, eaux-fortes, lithographies), mais aussi les sujets, les thèmes et les styles.

- En tant que peintre majeur de la cour d'Espagne, il reçoit de nombreuses commandes officielles, pour lesquelles il peint essentiellement des portraits de la noblesse. Il a une aptitude particulière à saisir la personnalité de ses modèles, plutôt que de s'astreindre à une copie conforme. Ses œuvres sont ainsi marquées par un grand souci de vérité.

- Mais Goya est un artiste plein de contradictions. En effet, dans ses travaux personnels, il dénonce les faiblesses humaines et les injustices sociales, se faisant le témoin des troubles politiques et idéologiques de son temps. Ses œuvres prennent alors la forme de satires et de caricatures peuplées de créatures fantastiques qui effrayent autant qu'elles fascinent.

- Aujourd'hui, Goya est considéré par les historiens de l'art comme un précurseur des avant-gardes des XIXᵉ et XXᵉ siècles. Son influence sur Delacroix n'est plus à démontrer, de même que son impact sur les peintres modernes tels que Manet. On retrouve en outre son goût pour le fantastique chez les surréalistes.

POUR ALLER PLUS LOIN

SOURCES BIBLIOGRAPHIQUES

- BATICLE (Jeannine), *Goya d'or et de sang*, Paris, Gallimard, 1986.
- COLLECTIF, *Goya et la Modernité*, Paris, Pinacothèque, 2013.
- *Francisco de Goya*, Londres, Sirrocco, 2004.
- « Francisco de Goya y Lucientes », in COLLECTIF, *1000 peintures*, New York, Terres éditions, 2009, p. 336-337 et p. 343.
- HAGEN (Rainer et Rose-Marie), *Goya*, Cologne, Taschen, 2012.
- HOFMANN (Werner), *Goya. Du Ciel à l'Enfer en passant par le monde*, Paris, Hazan, 2014.
- « Le peintre de cour rebelle, Francisco de Goya », in KRAUSSE (Anna-Karola), *Histoire de la peinture de la Renaissance à nos jours*, éditions H.F. Ullmann, 2013, p. 54-55.
- MARCHESCHI (Jean-Paul), *Goya. Voir l'obscur*, Paris, Art 3 Galerie, 2012.
- TODOROV (Tzvetan), *Goya à l'ombre des Lumières*, Paris, Flammarion, 2011.

SOURCES ICONOGRAPHIQUES

- DELACROIX (Eugène), *La Liberté guidant le peuple*, 1830, huile sur toile, 260 x 325 cm, Paris, musée du Louvre. La photo reproduite est réputée libre de droits.
- GOYA (Francisco de), *L'Adoration du nom de Dieu par les anges*, 1772, fresque, 700 x 1 500 cm, Saragosse, basilique du Pilar. La photo reproduite est réputée libre de droits.
- GOYA (Francisco de), *La Famille de Charles IV*, 1800-1801, huile sur toile, 280 x 336 cm, Madrid, musée du Prado. La photo reproduite est réputée libre de droits.

- Goya (Francisco de), *La Maja nue*, 1795-1800, huile sur toile, 98 x 191 cm, Madrid, musée du Prado. La photo reproduite est réputée libre de droits.
- Goya (Francisco de), *Le 3 mai 1808*, 1814, huile sur toile, 268 x 347 cm, Madrid, musée du Prado. La photo reproduite est réputée libre de droits.
- Goya (Francisco de), *Le songe de la raison engendre des monstres*, feuillet tiré de la série *Caprices*, vers 1797, eau-forte et aquatinte, 21,6 x 15,2 cm, collection particulière. La photo reproduite est réputée libre de droits.
- Manet (Édouard), *Olympia*, 1863, huile sur toile, 130,5 x 191 cm, Paris, musée d'Orsay. La photo reproduite est réputée libre de droits.

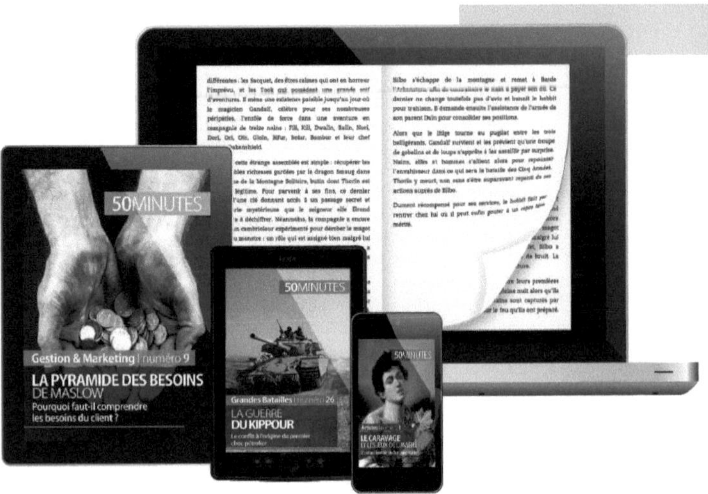

www.50minutes.com

Éditeur responsable : Lemaitre Publishing
Rue Lemaitre 4 | BE-5000 Namur
info@lemaitre-editions.com

ISBN ebook : 978-2-8062-5856-4
ISBN papier : 978-2-8062-5857-1
Dépôt légal : D/2015/12603/1
Photo de couverture : © *La Maja nue* (1795-1800), par Goya (détail).

Conception numérique : Primento,
le partenaire numérique des éditeurs